Títulos de Não-Ficção por Janvier T. Chando

ÍCONES E VILÕES: Assassinatos Políticos Recentes que Transformaram...
CAMARÕES: Sistema de Marionetas Disfuncional da França...
HERÓIS CAÍDOS: Líderes Africanos Cujos Assassinatos…
UCRÂNIA: O Cabo de Guerra entre a Rússia e o Ocidente
CAMARÕES: O Coração Assombrado da África

Títulos de Ficção por Janvier Chando

O Usurpador: E Outras Histórias
Agente Triplo, Cruz Dupla
Discípulos da Fortuna
União Muzhik
Flash do Sol
Chamadas da Fortuna
Mestre da Fortuna
Filhos da Fortuna
A Lenda do Fogo e do Gelo
A Loucura Mais Doce
A Menina na Trilha
Eu Antes Deles
As Avós
O Fogo da Fome
As Sombras do Fogo
Pai e Filhos
O Médico
Tons Escuros
Fatal Gravatas
O Veredicto de Hades
O julgamento de Sua Majestade
Loucura de Ngoko
A Usurpadora
O Dote
Eu Sou Odiado
A Criança Irrequieta

Próximos Títulos de Janvier Chando

O Falcão Branco
A Deriva em Casa
Os Amigos Mortais
Os Ursos de Norilsk

ANWAR SADAT:

O Assassinato do Símbolo do Realismo no Oriente Médio

Janvier T. Chando

TISI BOOKS

NOVA IORQUE, RALEIGH, LONDRES, AMESTERDÃO

PUBLICADO POR TISI BOOKS

ANWAR SADAT: O Assassinato do Símbolo do Realismo

no Oriente Médio

© 2019 por Janvier Chando

ISBN-13: 978-1-6593-1231-7

ISBN-10: 1-6593-1231-0

PUBLICADO POR TISI BOOKS
www.tisibooks.com

NOVA IORQUE, RALEIGH, LONDRES, AMESTERDÃO

Impresso nos Estados Unidos da América

Reconhecimento

Palavras especiais de agradecimento a Idris Mbebwo Doh, com quem discutimos o legado de Sadat.

Dedicação

Este livro é dedicado a todos os líderes icônicos e lendários cujos propósitos eram servir à humanidade e promover o bem-estar do gênero humano, especialmente aqueles que foram interrompidos em suas missões históricas pelas forças malignas deste mundo.

ANWAR SADAT:

O Assassinato do Símbolo do Realismo no Oriente Médio

CONTEÚDO

Reconhecimento	7
Dedicação	9
Citações	15
Mapas	19
Introdução	21
Capítulo 1	23
Capítulo 2	27
Capítulo 3	30
Capítulo 4	33

CITAÇÕES DE ANWAR AL-SADAT

"A paz é muito mais preciosa do que um pedaço de terra... não deve haver mais guerras."

"Quem não pode mudar o próprio tecido de seu pensamento nunca será capaz de mudar a realidade."

"Só pode haver esperança para uma sociedade que atue como uma grande família, e não como muitas famílias separadas".

"A Maioria das pessoas procura o que não possui e é escravizada pelas mesmas coisas que deseja adquirir."

"O medo é, acredito, uma ferramenta mais eficaz para destruir a alma de um indivíduo, e a alma de um povo."

"O grande sofrimento tem um lado positivo pelo qual podemos agradecer, porque constrói um ser humano e o coloca ao alcance do autoconhecimento."

"Esse [fundamentalismo] não é religião. É obscenidade. São mentiras, o uso criminoso do poder religioso para desviar as pessoas."

"Não há felicidade para as pessoas à custa de outras pessoas."

"Acredito que, pela paz, um homem pode, até mesmo, fazer tudo ao seu alcance. Nada neste mundo poderia ser mais alto que a paz."

"Se você não tem capacidade de mudar a si mesmo e a suas próprias atitudes, nada ao seu redor pode ser mudado."

"Os Russos podem lhe dar armas, mas apenas os Estados Unidos podem dar uma solução."

"Eu não ligo para o sucesso socialmente reconhecível. Só valorizo o sucesso que consigo sentir dentro de mim, o que me satisfaz e que basicamente decorre do autoconhecimento."

"Amar significa dar, e dar significa construir, enquanto odiar é destruir."

"Fui criado para acreditar que como eu me via era mais importante do que os outros me viam."

"Que não exista mais guerra ou derramamento de sangue entre Árabes e Israelenses. Que não haja mais sofrimento ou negação de direitos. Que não haja mais desespero ou perda de fé."

"Sucesso real é sucesso consigo mesmo. Não é ter coisas, mas ter domínio, ter vitória sobre si mesmo."

"Fé significa que um homem deve considerar qualquer desastre simplesmente como um golpe determinado pelo destino que deve ser suportado."

"Fui criado para acreditar que como eu me via era mais importante do que os outros me viam."

"Somente quando ele deixou de precisar das coisas é que um homem pode realmente ser seu próprio mestre e realmente existir."

"A terra é imortal, pois abriga os mistérios da criação."

"Que toda garota, toda mulher, toda mãe aqui [em Israel] — e lá no meu país [Egito] — saiba que resolveremos todos os nossos problemas através de negociações em torno da mesa, em vez de iniciar uma guerra."

MAPAS

Egipto no Mapa do Mundo

O mapa de Partição da África: 1884-1914

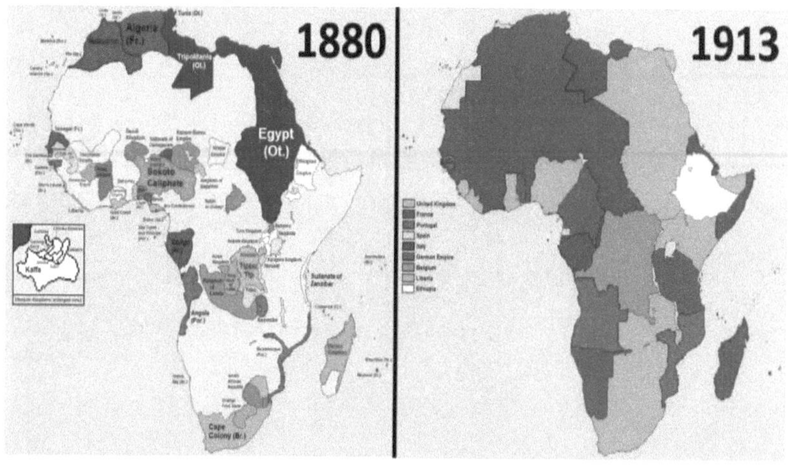

Mapa Político da África

INTRODUÇÃO

Na minha busca pela resposta sobre por que certos pontos de inflamação geopolíticos existem no mundo, na tentativa de saber o motivo (s) por que alguns países e o mundo em geral experimentaram mudanças repentinas e dramáticas que levaram à guerra, instabilidade ou reorientação de seus políticas domésticas e políticas externas que não apenas afetaram esses países, mas também influenciaram certas regiões ou o mundo inteiro, explorei assassinatos políticos nas últimas dezenas de décadas que mudaram nosso mundo. Por nosso mundo, quero dizer nossas comunidades, países, regiões e a humanidade como um todo.

Ao tratar os diferentes assassinatos ocorridos ao longo dos anos, usei uma abordagem caracterizada pela sociologia política, onde analisei sucintamente os fatores históricos e sociais que não apenas levaram aos assassinatos, mas que também surgiram com a morte dessas figuras históricas. E a partir desses fatores, somos apresentados a uma ideia ou imagens de como a sociedade afetada evoluiu desde o (s) evento (s) traumático (s).

A partir das contrariedades que se seguiram ao

assassinato de figuras históricas, lendárias ou icônicas, podemos aprender algo útil e criar cenários ou o que esperar como calamidades se líderes específicos forem assassinados e, assim, agir de acordo com a prevenção de seus assassinatos.

Capítulo Um

Anwar al-Sadat

Anwar al-Sadat nasceu no Alto Egito em 25 de Dezembro de 1918, em uma família de 13 filhos, e cresceu 64 quilômetros ao norte do Cairo, numa época em que o Egito era um protetorado Britânico. O status do Egito sob o controle do Império Britânico surgiu da dívida paralisante que forçou o governo Egípcio a vender seus interesses no Canal de Suez, projetado pelo Francês, ao governo Britânico.

Construído entre 1859 e 1869, o Canal de Suez é uma via navegável artificial no nível do mar no Egito que conecta o Mar Mediterrâneo ao Mar Vermelho através do Istmo de Suez. O canal oferece às embarcações uma jornada mais curta entre o Atlântico Norte e o norte do Oceano Índico, reduzindo assim a jornada em aproximadamente 7.000 quilômetros (4.300 milhas). De fato, Britânicos e Franceses estavam usando os recursos do canal para estabelecer controle político suficiente sobre o Egito, de modo que era lógico referir-se ao Egito como uma colônia Britânica.

Sadat seria muito afetado por quatro figuras em sua infância:

- Zahran, da vila natal de Sadat, que foi enforcado pelos Britânicos por um motim que resultou na morte de um oficial Britânico
- Kemal Ataturk, que criou o estado moderno da Turquia a partir das cinzas do Império Otomano
- Mohandas (Mahatma) Gandhi, que havia pregado o poder da não-violência no combate à injustiça enquanto viajava pelo Egito em 1932

- e, finalmente, Adolf Hitler, inicialmente considerado por Sadat como alguém que poderia ajudar a libertar o Egito do controle colonial Britânico.

Quando os Britânicos criaram uma escola militar no Egito em 1936, após um acordo com o partido Egípcio Wafd, Sadat se tornou um de seus primeiros alunos. Após sua graduação, o governo o colocou no Sudão, onde conheceu Gamal Abdel Nasser, com quem, junto com vários outros oficiais subalternos, formou os Oficiais Livres secretos, um movimento dedicado à revolução que libertaria o Egito e o Sudão do domínio da Britânicos e a corrupção da monarquia. Essa associação política acabaria por levá-los à presidência egípcia.

Sadat seria preso duas vezes por suas atividades revolucionárias durante a Segunda Guerra Mundial. Isso foi justamente por seus esforços para obter ajuda das Potências do Eixo (Itália e Alemanha) para expulsar os Britânicos. Após sua libertação da prisão, ele se reconectou a Nasser apenas para descobrir que o movimento deles havia crescido consideravelmente durante os anos em que ele estava encarcerado. Em 23 de Julho de 1952, a Organização dos Oficiais Livres derrubou o Rei Farouk e pôs fim à monarquia egípcia em um golpe de estado militar que lançou a Revolução Egípcia de 1952. Posteriormente, tornou-se ministro de relações públicas de Nasser e seu tenente de confiança. O Sadat trabalha-duro e focado cumpriria a ordem de Nasser para supervisionar a abdicação oficial do Rei Farouk.

Foi durante os anos de Nasser no poder que Sadat aprendeu o perigoso jogo de construção de nação em um mundo de rivalidades de superpotências. Eles levaram o Egito a se tornar um estado "não alinhado", tornando o país do norte da África um dos países líderes que as sociedades subdesenvolvidas e pós-coloniais admiravam. Nasser e Sadat sobreviveriam à guerra de 1956 depois que Nasser nacionalizou o Canal de Suez, levando Britânicos, Franceses e Israelenses a lançarem um ataque ao Egito, numa tentativa de controlar o canal das mãos egípcias. A guerra de 1956 só terminaria depois que os Estados Unidos da América forçaram a Grã-Bretanha, a França e Israel a retirar suas forças do Egito. O conflito pagou dividendos e os dois camaradas chegaram a tal ponto que o Egito emergiu daquela guerra como um campeão dos países não alinhados, por resistir às grandes potências.

Capítulo Dois

A proeminência de Nasser seria derrotada pelo desastre da Guerra dos Seis Dias de 1967, quando os militares Israelenses destruíram completamente as forças aéreas egípcias e incapacitaram o Exército Egípcio matando pelo menos 3.000 soldados e ocupando a Península do Sinai até o Suez Canal. O resultado da guerra pressionou a economia egípcia e quase quebrou o governo. O que foi ainda mais desanimador para Nasser foi a crescente desunião entre as nações Árabes e os crescentes movimentos Palestinos. Sua morte, em 29 de Setembro de 1970, de um ataque cardíaco, resultou de sua saúde em declínio causada pela derrota do Egito na guerra Árabe-Israelense de 1967.

Chamado "caniche preto de Nasser" por alguns Egípcios de alto escalão, Sadat foi subestimado quando sucedeu a Nasser. No entanto, nos 11 anos seguintes, ele provou ser um líder astuto de seu povo. Quando ele ofereceu abertamente aos Israelenses um tratado de paz em troca da

Península do Sinai capturada por Israel na guerra de 1967, muitos, especialmente no mundo Árabe, foram surpreendidos. Ainda assim, ele superaria a crise doméstica e as intrigas internacionais que atormentavam sua presidência. Ele faria com que a União Soviética o levasse a sério, expulsando-os depois que eles não conseguiram reabastecer os suprimentos militares esgotados do Egito e depois reparando as relações com eles novamente

Quando, em 6 de Outubro de 1973, Sadat atacou Israel em uma tentativa de recuperar a Península do Sinai, depois que

o Estado Judeu continuou a recusar a iniciativa de paz egípcia, era sua Maior aposta militar e política. Quase valeu a pena, já que a excelente precisão militar permitiu que o exército Egípcio cruzasse o Canal de Suez de volta ao Sinai, onde começaram a empurrar o exército Israelense ao deserto. Embora os sucessos durante a guerra tenham durado pouco e muitos dos ganhos do exército Egípcio tenham sido revertidos, o ataque criou um novo impulso para a paz no Egito e em Israel, quando os dois estados saíram da guerra cansados da guerra, com economias arrasadas e uma sensação de quão perto eles estavam da destruição. No entanto, a guerra despertou a atenção e as preocupações da comunidade internacional, especialmente dos Estados Unidos da América, que temiam Maior instabilidade no Oriente Médio e no norte da África.

Capítulo Três

Sadat saiu da guerra convencido de que a paz com Israel colheria um enorme "dividendo de paz" e, assim, iniciou sua mais importante aposta diplomática afirmando em um discurso ao parlamento Egípcio em 1977, que ele iria a qualquer lugar para negociar um acordo de paz. Os Israelenses o aceitaram com suas palavras com um convite para fazer exatamente isso — discursar no parlamento Israelense conhecido como Knesset, algo que ele fez, iniciando assim um novo impulso para a paz que eventualmente culminaria em os Acordos de Camp David de 1978 e o Egito e Israel assinando um tratado de paz final em 1979. Ele e o primeiro-ministro Israelense Menachem Begin ganhariam o Prêmio Nobel da Paz naquele ano por seus esforços na conquista da paz entre os dois estados.

A 26 de Março de 1979, assinatura do histórico tratado de paz entre Israel e o Egito na Casa Branca em Washington DC. Da esquerda para a direita: Anwar Sadat, Jimmy Carter, Menachem Begin

Embora o tratado de paz com Israel tenha possibilitado ao Egito recuperar o Sinai e mesmo que o país obtenha assistência do Ocidente na forma de ajuda externa, especialmente dos Estados Unidos da América, assistência que tem ajudado a economia egípcia recuperar e até prosperar, deixou o Egito evitado pelo resto do mundo Árabe. O aconchego de Sadat com o Ocidente e o tratado de paz com Israel também suscitaram muita oposição doméstica, especialmente entre os grupos Muçulmanos fundamentalistas do país. Mesmo que ele melhorasse a vida cotidiana do Egípcio comum, mesmo que ele fizesse da Sharia a base de todas as novas leis egípcias, e mesmo que ele tentasse restaurar a calma da nação promulgando leis que proibiam protestos, o fundamentalista Muçulmano não ficaria satisfeito.

Foi essa insatisfação que levou ao assassinato de Sadat em 6 de Outubro de 1981, durante um desfile militar comemorando a bem-sucedida travessia de Suez pelo exército Egípcio durante a Guerra de 1973 contra Israel. Seu vice-presidente, Hosni Mubarak, o sucederia.

Três EUA Presidentes — Gerald Ford, Jimmy Carter e Richard Nixon compareceriam ao funeral de Sadat. O único chefe de Estado Árabe a prestar sua última honra ao líder Egípcio assassinado foi Gaafar Nimeiry, do Sudão, uma medida que lhe custaria caro, pois seria derrubado pelos islâmicos em 6 de Abril de 1985.

Embora o passo ousado de Sadat em fazer as pazes com Israel tenha lhe custado a vida e levado à expulsão do Egito da Liga Árabe, abriu as portas para futuras negociações entre Israel e o resto do mundo Árabe, possibilitando os Acordos de Oslo entre Israel e a Organização de Libertação da Palestina (OLP), assinada em 1993. A assinatura do tratado de paz entre Israel e a Jordânia em 1994, tornando a Jordânia o segundo país Árabe a concluir a paz com Israel, deve muito à paz pioneira que Sadat levou o Egito a assinar com Israel. Hoje, Israel desenvolveu laços não diplomáticos com vários outros países Árabes e é reconhecido por vários países Muçulmanos.

Sadat é homenageado na Malásia, onde é um Grande Comandante Honorário da Ordem do Defensor do Reino.

Capítulo Quatro

Sadat é homenageado na Malásia, onde é um Grande Comandante Honorário da Ordem do Defensor do Reino.

Hoje, quase quatro décadas após a morte de Anwar Sadat, se você perguntar aos Egípcios que o conheceram, experimentaram seu governo ou aprenderam sobre sua história de vida a opinião deles sobre sua vida e morte, é provável que você tenha reações contraditórias como algumas das opiniões sobre um homem fascinante que liderou um país complexo durante um período complicado na história da região mais problemática do mundo. No entanto, as emoções que você mais verá em seus rostos seriam aquelas que refletem respeito, gratidão e dor.

Muitos Egípcios seculares abraçam seu legado, sustentando que ele era um líder ousado, um visionário, um realista, um pragmatista, uma pessoa humana e um patriota genuíno sem o peso do idealismo.

No entanto, a Maioria dos que pensam que ele deixou um

legado negativo, acha que traiu a causa Árabe ao fazer uma paz separada com Israel, que promete apenas mais violência no futuro, e que a prosperidade que ele prometeu seguiria a assinatura do tratado de paz Egípcio-Israelense em Camp David, nos Estados Unidos da América, era exagerada. De fato, existem outros Egípcios que chegam ao ponto de atacar os fundamentos de seu personagem, alegando que ele era frequentemente enganoso, vaidoso e indolente, e que ele até agia como um palhaço de vez em quando, especialmente para seus superiores.

Enquanto a Maioria dos especialistas concorda que o antecessor de Sadat, Gamal Abdul Nasser, montou os tijolos para a fundação do moderno estado Egípcio, outra visão popular é que Sadat completou a fundação do Egito moderno e moldou o desenvolvimento interno e externo do país — socioeconômico e político de uma maneira muito fundamental, colocando o Egito em uma trajetória que quase nenhum outro líder ou movimento político Egípcio pode desviar. E ele fez isso em um momento em que a Maioria dos regimes Árabes havia caído em "degeneração moral e política", libertando assim o Egito de suas políticas falidas.

Os críticos de Sadat, especialmente os mais severos, como os islâmicos (a Irmandade Muçulmana, em particular) afirmam que ele era repressivo e o responsabiliza por dificultar a democracia de criar raízes e crescer no Egito. Alguns deles até o consideram um administrador incompetente que zombava da lei ao reprimir seus oponentes reais ou imaginários, e que fomentava a corrupção entre seus círculos interno e externo.

Qualquer que seja a posição de um crítico de Anwar Sadat,

algo que não pode ser contestado é o fato de ele ter herdado um Egito de Gamal Abdul Nasser que foi parcialmente ocupado por Israel, derrotado, falido e fortemente dependente da União Soviética; e ele o deixou como um país mais vibrante e seguro.

Mapa de Israel e os Territórios Palestinos

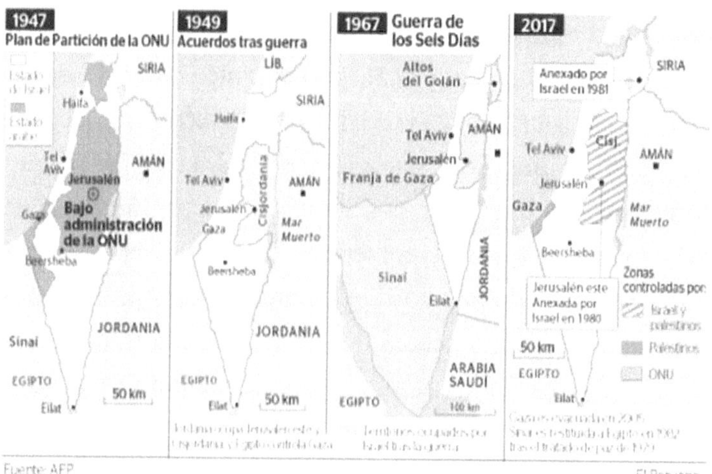

Alguns especialistas afirmam que Anwar Sadat era um visionário que entendeu que a paz com Israel era inevitável, que o resto do mundo Árabe e o resto do mundo Muçulmano chegariam um dia e fariam as pazes com Israel, e que quanto mais rápido isso fosse feito, o melhor. Na época, ele não conseguia convencer seus colegas Árabes e Muçulmanos a se juntarem a ele em suas aberturas de paz e, por isso, foi sozinho e concluiu um tratado de paz com Israel que trouxe dividendos ao Egito, mas ganhou o ressentimento dos mundos Árabe e Muçulmano.

Hoje, Anwar Sadat é justificado. Israel se fortaleceu

militar, economicamente e socialmente. Sua população quase quadruplicou e está mais entrincheirada na Cisjordânia e Golan Heights ocupadas do que antes. Pelo contrário, as posições dos mundos Árabe e Muçulmano em relação à paz com Israel evoluíram, a ponto de a visão predominante ser a de que eles se abrandaram tremendamente. A destruição de Israel não é mais uma posição dominante, e os tópicos anteriormente tabus são agora objetos de negociação. No entanto, como se destaca, as realidades existentes em Israel e nos territórios ocupados das Colinas de Golã, Gaza e Cisjordânia estão mudando todos os dias em favor dos Israelenses que são contra um acordo envolvendo o comércio de terras capturadas em 1967 guerra pela paz com os vizinhos de Israel. Estes são principalmente Israelenses de direita que eram minoria nos anos 1970, mas cujos números têm aumentado a cada dia.

Classificações da Democracia

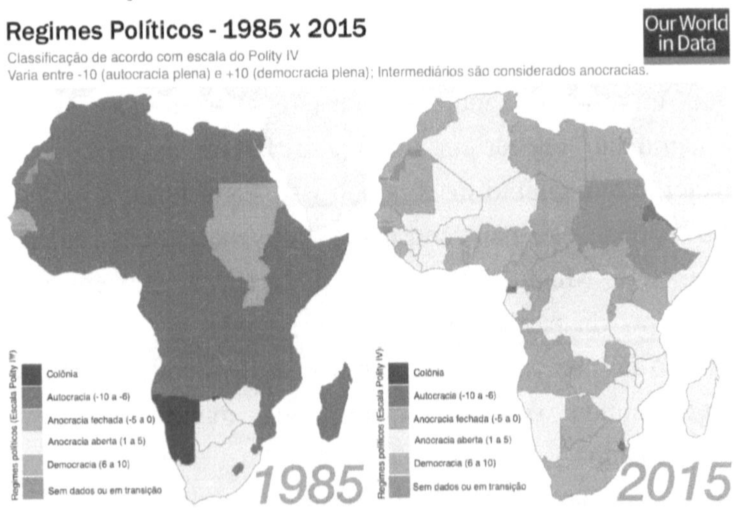

Índice de Democracia: África e o Mundo

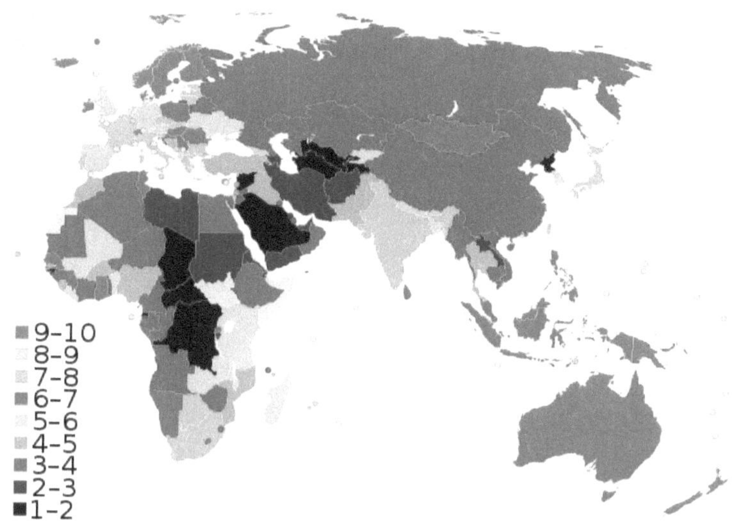

A Medida da Liberdade dos Países do Mundo

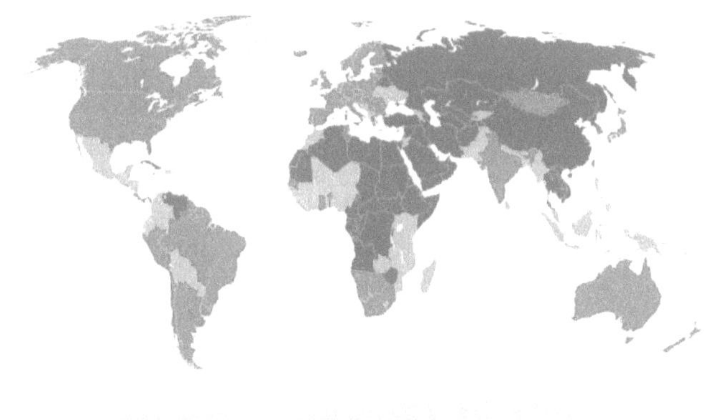

Índice de Democracia: África e o Mundo

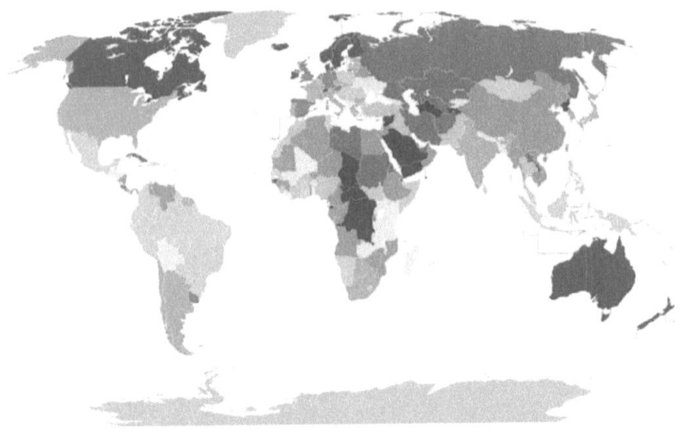

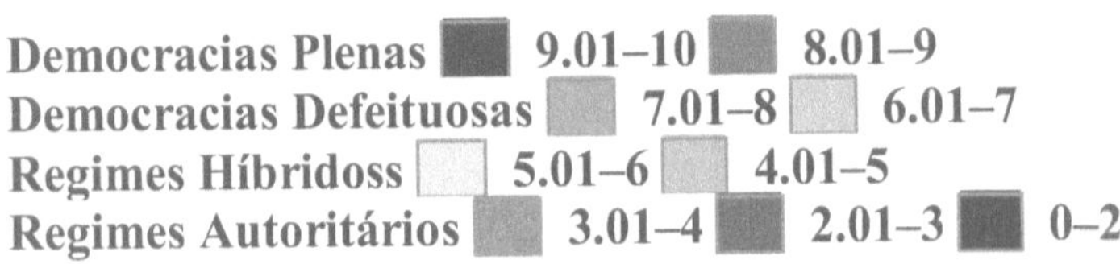